BIBLIOTHÈQUE

DES ÉCOLES ET DES FAMILLES

OLIVIER DE SERRES

PAR

V. FRAITOT

LIVRE DE LECTURE A L'USAGE DES ÉCOLES
ET DE LA CLASSE PRÉPARATOIRE
des lycées et colléges

PARIS
LIBRAIRIE HACHETTE ET Cie
79, boulevard Saint-Germain, 79

BIBLIOTHÈQUE
DES ÉCOLES ET DES FAMILLES

OLIVIER DE SERRES

PAR

VICTOR FRAITOT

PARIS
LIBRAIRIE HACHETTE ET Cie
79, Boulevard Saint-Germain, 79

1882

OLIVIER DE SERRES

OLIVIER DE SERRES

NAISSANCE D'OLIVIER DE SERRES
SA VIE AU PRADEL

Il nous reste fort peu de renseignements précis sur la vie d'Olivier de Serres : aussi n'est-ce point par des détails biographiques très circonstanciés qu'on peut le faire connaître. Ce qu'il importe surtout d'étudier, c'est l'homme lui-même, tel qu'il se révèle dans le livre qu'il nous a laissé; c'est aussi et surtout le rôle, l'influence d'Olivier de Serres à l'époque où Sully et Henri IV s'efforcent de relever l'agriculture en France.

Olivier de Serres naquit au château du Pradel, près de Villeneuve-de-Berg, en Vivarais, l'an 1539. Il était de la religion réformée. Sa vie appartient presque tout entière à cette deuxième moitié du XVIe siècle si tristement agitée par la persécution religieuse d'abord, par les guerres de religion ensuite. La population du Languedoc s'est toujours signalée par la vivacité de ses passions religieuses. La lutte entre les deux partis devait donc y être très ardente. Olivier de Serres déploya d'abord beaucoup de zèle en faveur de sa foi. Aussi, en 1561, fut-il choisi par ses coréligionnaires pour aller demander à Genève un pasteur calviniste. Mais son tempérament ne le portait pas au fanatisme aveugle. Quand la guerre éclata entre huguenots et catholiques, il ne voulut pas jouer le rôle de sectaire farouche et s'expatria en attendant des temps meilleurs. Homme de raison avant tout, avec un grand fonds de sympathie pour l'humanité, Olivier de Serres avait horreur du sang versé, des ravages commis de part et d'autre, et il ne fut pas longtemps à reconnaître que le principe qui s'impose à toutes les religions est celui de la tolérance. En matière de foi, les croyances doivent se respecter mutuellement, non se combattre.

Olivier de Serres ne perdit pas le temps qu'il passa à l'étranger. Les années vécues ensuite dans le domaine du Pradel et en grande partie consacrées à l'exploitation, par la culture, des biens patrimoniaux, lui donnèrent une longue habitude des travaux de la terre. En visitant la Suisse et l'Allemagne, pendant son exil, c'est de culture qu'il s'était occupé exclusivement. Il avait recueilli tous les renseignements, se faisant initier aux différentes méthodes agricoles et s'appropriant ainsi tout ce qu'il trouvait à sa convenance. Quand les évènements lui avaient permis de revenir, non sans de grandes précautions encore, dans son pays natal, il apportait avec lui une ample provision de connaissances nouvelles en agriculture. C'était avant la date néfaste de la Saint-Barthélemy (1572). Tout porte à croire qu'à partir de cette époque il ne fut plus obligé de quitter la France.

Il est assez difficile de savoir jusqu'à quel

point il fut à l'abri des calamités de la guerre. Tout ce qu'on peut dire, c'est que la droiture de sa vie imposa plus d'une fois le respect aux bandes forcenées qui couraient la campagne autour du Pradel, et que généralement amis ou ennemis n'osaient troubler dans son séjour cet homme de bien.

On peut se représenter le seigneur du Pradel au milieu de ses occupations journalières pendant cette douloureuse époque. Indifférent en apparence aux évènements qui se passent autour de lui, il nous semble le voir, « un livre au poing », dans son jardin, parmi ces fleurs dont « les vertus ravissent l'entendement humain ». Il nous a peint lui-même, en des termes d'une simplicité qui captive, cette solitude où « hors du bruit, il jouissait en repos des aises dont elle abonde : la sérénité du ciel, la salubrité de l'air, le plaisant aspect de la contrée ; d'un autre côté, la contemplation des belles tapisseries des fleurs, les beaux ombrages des arbres, la joyeuse musique des oiseaux. »

Suivons un instant Olivier de Serres dans les allées de son jardin. Après avoir, d'un œil vigilant, consulté les besoins de toutes ses chères plantes, il lit une page dans le livre qu'il tient à la main, puis, s'asseyant au pied d'un mûrier, il se met à réfléchir. Cependant voici que, sur les hauteurs fortifiées de Mirabel et de Saint-Laurent-sous-Coiron on entend le bruit d'une vive mousquetade, tandis que du côté de Lavilledieu et de Vogüé éclatent les détonations des bombardes. C'est la guerre religieuse, la bataille fratricide avec ses cris et ses imprécations. Olivier de Serres lève les yeux vers le ciel comme pour lui demander une fin à tant de maux. Lui, si heureux au milieu de ses arbres verts, de ses fleurs éclatantes, de ses « eaux belles et claires qui coulent autour de sa maison et semblent lui tenir compagnie », il souffre de voir ses semblables négliger tant de félicité pour donner libre carrière à des passions criminelles. Mais le bruit des armes s'est éteint peu à peu.

Olivier se lève, gagne une table rustique sous un berceau de feuillage et écrit quelques-unes de ces pages qu'il a destinées à notre enseignement. Telle fut l'existence d'Olivier de Serres jusqu'à sa mort, arrivée en 1619.

C'est du sein de cette vie calme à l'intérieur, inquiétée seulement par les évènements du dehors, qu'est sorti ce livre précieux entre tous : *Théâtre d'agriculture et mesnage des champs.*

ÉCRIVAIN ET PHILOSOPHE

On a appelé Olivier de Serres le *gentilhomme laboureur;* mais ce titre est insuffisant, car il laisse dans l'ombre ce qu'il y avait de plus grand et de meilleur en lui, je veux dire son esprit délicat, son âme aimante et passionnée pour le bien. Avant de montrer les services rendus à l'agriculture par Olivier de Serres, il est bon de mettre en lumière l'homme lui-même, avec ses solides qualités d'écrivain et de philosophe.

Ce qui charme avant tout dans Olivier de Serres, c'est le style, mélange attrayant d'art et de naturel, de délicatesse et de précision, d'élégance et de justesse aussi bien dans l'expression que dans l'idée. Bien avant Boileau il avait formulé le sage précepte : « Hâtez-vous lentement. » Fabuliste à ses heures, on trouverait dans son livre plus d'un passage dont a dû s'inspirer La Fontaine. Avant le bonhomme, il avait raconté les aventures de « la Cigale et la Fourmi » ou l'apologue du « Laboureur et ses Enfants ». Il excelle dans la description ; il a des expressions d'une saisissante réalité. Les loups sont « des bêtes voraces obscurément mantelées ». Le paon, ce fidèle gardien qui, comme les oies du Capitole, l'avertissait de l'approche de l'ennemi pendant les guerres religieuses, le paon devient pour lui un animal « aux ailes d'or et à la voix du diable ». Lorsqu'il trouvait un contraste frappant, sa plume le rendait par une superbe antithèse. Ainsi il s'écrie, en songeant au ver à soie : « Ce vermisseau, l'une des plus viles bêtes du monde, semble destiné pour vêtir les princes et les rois. » Il a des pensées pleines d'une grâce exquise : « Mes chantres et mes luths sont mignards oiselets. » Ailleurs son âme sympathique se communique aux choses inanimées, et c'est avec tristesse qu'il nous peint le « cyprès mourant sans héritiers », après une vie longue et mélancolique. D'autres fois nous le voyons s'enivrer dans la contemplation de la nature dont les merveilles le ravissent : il dit de l'ente des arbres qu'elle « fait l'homme le plus approchant du miracle ». Il ne contient pas son admiration à la vue des arbres fruitiers qui « depuis leur première jeunesse jusqu'à leur dernière vieillesse, en tous temps et toutes saisons, vêtus et dépouillés de feuilles, donnent matière de contentement par leur ombrage salutaire un rempart assuré contre les vents d'hiver, une joyeuse retraite aux oiseaux pendant l'été; par les rameaux qu'ils poussent à la primevère, comme s'ils reprenaient une nouvelle vie, sortant du profond sommeil de l'hiver; par les fleurs dont ils se parent, avant-courrières de leurs richesses, etc... » Toutes ces images ne sont-elles pas bien gracieuses?

Un homme qui savait si bien écrire savait également bien penser. Il y a beaucoup de philosophie dans le *Théâtre d'agriculture*, et le penseur s'y montre à la hauteur de l'écrivain. Olivier de Serres fut un phisophe, car il ne faut pas réserver ce nom pour quiconque affecte un extérieur négligé et crasseux. Nous pouvons, sur ce point, nous en rapporter à Olivier de Serres lui-même, quand il écrit quelque part dans son livre :

« Si porter grand'barbe au menton
Nous fait philosophe paraître,
Un bouc barbassé pourrait être
Par ce moyen quelque Platon ! »

Il possédait au suprême degré l'art de se conduire dans la vie. Il relève de Socrate et de Cicéron : sa philosophie, comme la leur, était descendue du ciel pour venir habiter dans nos demeures et dans le cœur de chacun de nous. Quel noble usage il fait de sa raison sans jamais en outrepasser les limites, en l'appliquant à tirer le meilleur parti possible des richesses laissées à la jouissance de l'homme! « J'ai trouvé, dit-il, un singulier contentement, après la doctrine salutaire de mon âme, dans la lecture des livres d'agriculture. »

Son livre, c'est de la science et de l'art tout à la fois, puisque la science, suivant sa belle définition, « est la règle et le compas de bien faire »; l'art « un recueil de l'expérience, et l'expérience le jugement et l'usage de la raison ». Il proscrit l'ignorance, chose contraire à la vertu; il veut qu'on lise au livre de la nature, « puisqu'elle parle si naïvement et par des effets si manifestes que la raison s'y fait voir à l'œil et toucher à la main. » Cette considération l'amène à flétrir « les charlataneries inventées pour trancher du merveilleux », c'est-à-dire la superstition sous toutes ses formes. Il connaît le prix de l'activité humaine et n'aime ni les paresseux, ni les oisifs : « l'on ne remplit pas son nid ayant les bras croisés. » Il sait aussi la valeur de la journée et des heures qui s'écoulent : « La matinée avance la journée; le lever du matin enrichit; se lever tard appauvrit. » Son cœur était une source inépuisable de bonté,

« Car Dieu accroît et bénit la maison
Qui a pitié du pauvre misérable. »

(*Théâtre d'agriculture.*)

Il faut lire et relire le chapitre qu'il a consacré aux domestiques et aux esclaves de l'antiquité. Il ne veut pas de traitements inhumains et proclame que la véritable obéissance procède de l'amitié. Les animaux ont aussi leur petite place dans son cœur. Mais ce qu'il recommande par-dessus tout, c'est l'amitié et la concorde entre les hommes. Ce qu'il possède au plus haut degré, c'est l'esprit de tolérance en matière de religion, qui lui faisait ouvrir sa porte à tout venant, quelle que fût sa croyance. Son patriotisme ne le cédait en rien à ses autres sentiments, dans un temps où le patriotisme pouvait si facilement s'égarer. Il aime à citer « le Vivarais, sa patrie », et jamais on ne le voit parler avec amertume « des calamités de la guerre dont il a senti sa bonne part ».

La France lui est également chère : il rend hommage à son goût et trouve tout naturel qu'on la prenne pour modèle, « puisqu'elle emporte le prix sur toutes les autres nations ».

D'ailleurs quel plus beau monument de son amour pouvait-il lui élever que son *Théâtre d'agriculture?*

AGRICULTEUR ET AGRONOME

Avant de considérer l'œuvre d'Olivier de Serres envisagé comme le principal restaurateur de l'agriculture française, il faut se rappeler quel était l'état de notre pays dans la deuxième moitié du XVIe siècle. Depuis la fin de la guerre de Cent Ans, qui causa tant de ravages et de désolation, quelques rois avaient déjà essayé de soutenir et de protéger le laboureur. Louis XI l'avait défendu contre les seigneurs en voulant interdire la chasse qui trop souvent détruisait les semailles ou anéantissait les récoltes du malheureux paysan. Louis XII, tout en continuant les guerres d'Italie commencées par Charles VIII, fit tout ses efforts pour que le paysan n'eût pas à en souffrir : les pays occupés par nos troupes au dehors devaient les entretenir. La guerre nourrissait la guerre, de telle sorte que les cultivateurs de France n'avaient pas vu augmenter leurs charges, et le calme relatif dont ils jouissaient leur fit donner à Louis XII le nom de Père du peuple. Sous François Ier, le roi trop chevaleresque, et sous Henri II, la continuation de la guerre porta plus de préjudice à l'agriculture, qui fut enfin totalement ruinée pendant les guerres de religion. La lutte entre les protestants et les catholiques avait pour théâtre à peu près toutes les parties de la France et les travaux des champs étaient devenus presque impossibles. Aussi, quand Henri IV se fut rendu maître de son royaume, il y avait partout bien des maux à réparer. Hâtons-nous de dire que le nouveau prince, comme son ministre Sully, se faisait une idée exacte de l'état du pays et avait la ferme volonté d'y porter remède. C'est surtout à l'agriculture que Sully donna ses soins. Qui ne connaît le mot célèbre qu'il aimait à répéter : « Labourage et pâturage sont les deux mamelles de la France, les vrais trésors du Pérou » ? Sully voyait juste sur ce point. Les améliorations se firent vite sentir. L'agriculture, encouragée avec un zèle qui gagna la noblesse elle-même, dit Augustin Thierry, prit un essor inconnu jusque-là. Toutes les parties de l'aménagement du sol, les eaux et les bois, le défrichement des terrains vagues, le dessèchement des marais, furent l'objet de mesures qui provoquaient par imitation, de grandes entreprises particulières. La protection du gouvernement s'étendit à tout. La part d'Olivier de Serres dans cette réfection de la fortune publique fut excessivement considérable. Nul homme alors ne possédait aussi bien que lui l'art de l'agriculture. Sa science est le produit d'une expérience de tous les jours : les résultats de cette expérience forment le *Théâtre d'agriculture*, qu'il mit quarante ans à composer, jusqu'à l'année 1599. Cette passion de tous les instants pour les travaux de la terre donne à ce livre un caractère très-élevé. C'est un véritable enthousiasme qu'Olivier de Serres ressent pour l'agriculture, « l'occupation la plus sainte et la plus naturelle, dit-il, un exercice auquel nulles personnes que pures ne devraient être employées ». Le Pradel devint, grâce à la vigilante activité du maître, comme une ferme-modèle. Il avait transformé son domaine en une oasis charmante, qui contrastait singulièrement avec l'aspect dévasté des campagnes voisines. La région était accidentée, pierreuse, ingrate : l'opiniâtreté du gentilhomme triompha de tout. Il sait que de la montagne comme de la vallée « on retire plusieurs commodités », et il rendit productifs les flancs âpres de la montagne. Les eaux étaient amenées par des canaux qui entouraient le Pradel ; des arbres de toute sorte avaient été plantés et donnaient leur ombre avec leurs fruits. Les plantes les plus variées croissaient au gré de notre savant « mesnager ». Il dut éprouver un réel bonheur en voyant bientôt le succès passer ses espérances. Son intention n'était point, ainsi qu'il le raconte, d'imaginer des

Champs-Élysées ou des îles Fortunées; il fu néanmoins à même de connaître parfois quelques-unes des jouissances que les anciens plaçaient dans ces lieux enchantés. Il ne refusait d'ailleurs aucune besogne : quittant la bêche ou le hoyau pour la chaîne d'arpenteur, il arpentait lui-même « pour ne point se laisser tromper, ainsi qu'il l'a dit, par les commis des impositions quand ils ramassent les deniers, cause principale de l'invention de l'arpentage ». Il gémissait en voyant les « déserts et misérables lieux » laissés en friche pendant plusieurs siècles, et qui étaient nombreux dans le royaume, « à la honte de leurs possesseurs ». Cette constante volonté de tout voir et de tout diriger, jointe aux procédés qu'il avait rapportés de l'étranger et essayés sur ses terres, lui avait donc révélé tous les secrets de l'agriculture. Les loisirs qu'il trouvait dans sa solitude et le désir d'être utile à ses semblables et à son pays lui inspirèrent la résolution d'écrire ce qu'il connaissait si bien. Il n'a pas voulu faire un ouvrage d'où il puisse tirer vanité, mais seulement « montrer le chemin et rompre la glace aux autres ». Il se garde bien des théories hasardées ; il n'admet que la pratique : « Discourir du ménage des champs par les livres seulement, c'est bâtir en l'air et se morfondre par de vaines et inutiles imaginations. » Il écarte scrupuleusement les hypothèses, persuadé que dans un livre destiné aux agriculteurs rien ne doit être laissé au hasard. On chercherait en vain dans son livre un oubli : son plan était si rationnel et sa méthode si sûre, qu'il ne pouvait rien omettre. On reste confondu devant cette prodigieuse quantité de préceptes et de règles : nature des terrains, différentes sortes de culture, soins à donner aux propriétés, au bétail, occupations de la maison, travail des domestiques et des autres gens de service, tout s'y trouve dans un ordre parfait.

Olivier de Serres a contribué à propager en France la culture du maïs, de la bette-

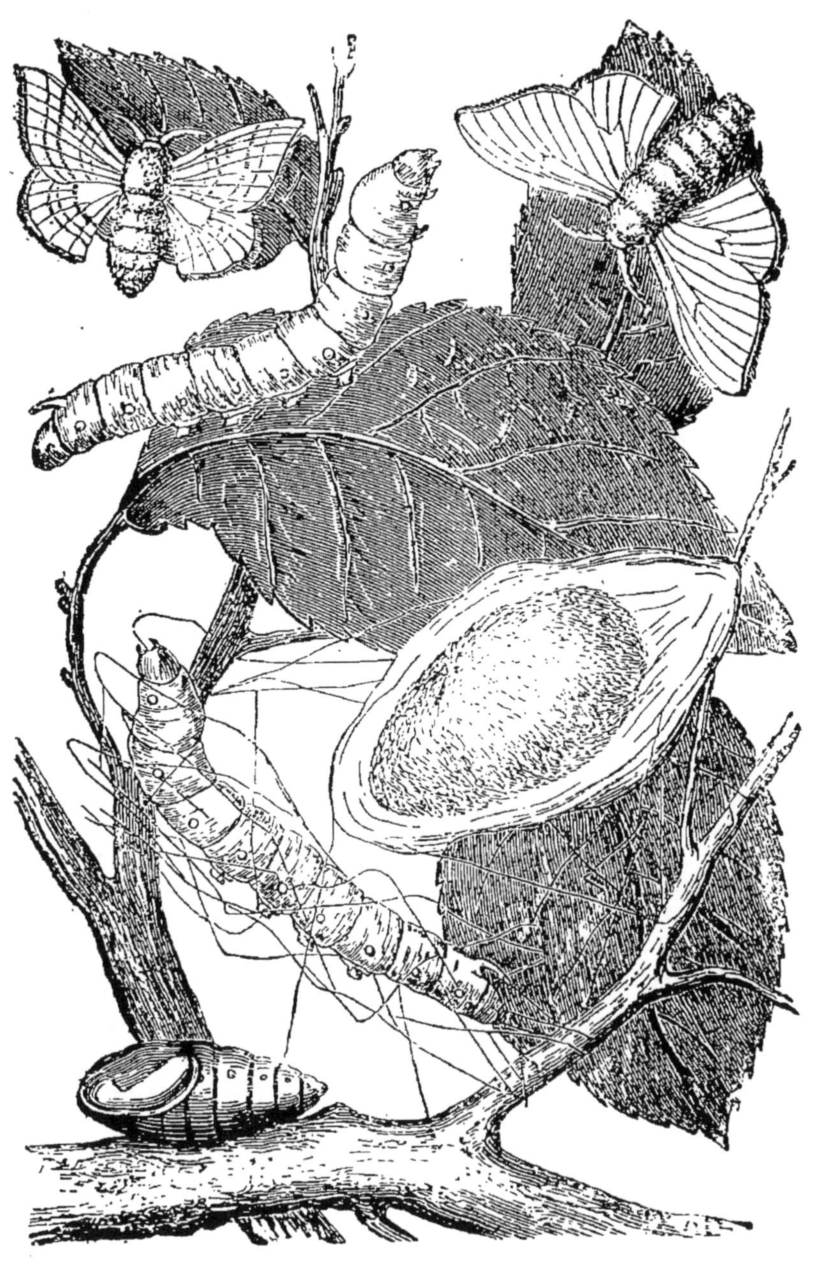

LE VER A SOIE.

rave et du houblon, dont l'industrie moderne tire de si grands avantages. Il a répandu la pratique des prairies artificielles qui suppriment la jachère et facilitent l'assolement. Mais c'est en vulgarisant en France la culture du mûrier pour l'éducation du ver à soie qu'Olivier de Serres a ouvert une des sources les plus abondantes de notre richesse nationale.

RÉSISTANCE DE SULLY

La soie est originaire de la Chine; elle est venue jadis en Europe par l'Inde et la Phénicie. Les Romains l'introduisirent en Occident quand ils eurent subjugué l'Asie Mineure. Héliogabal aurait été le premier qui porta des vêtements de soie. Les environs de Constantinople et la Grèce produisirent beaucoup de soie, quand Justinien eut fait dérober à la Chine le secret de sa fabri-

LA CUEILLETTE DU MURIER.

cation, vers 555. C'est à cette importation du mûrier (*Morus*) que le Péloponèse dut de changer son nom pour celui de Morée. Au XIIe siècle cette industrie pénétra en Sicile, d'où elle passa en Espagne (à moins qu'elle n'y eût déjà été apportée par les Arabes au VIIIe siècle). C'est d'Italie que la soie vint en Provence, sans doute au temps de Charles VII. Louis XI appela des ouvriers italiens à Tours : ce n'est que cinquante ans plus tard (1520) que Lyon commença à travailler la soie. En 1559, Henri II porta les premiers bas de soie et fut bientôt imité par les seigneurs. Les guerres de religion arrêtèrent ce développement. Enfin, en 1559, Olivier de Serres détacha un chapitre de son ouvrage et en fit hommage au corps municipal de Paris, sous le titre de : *La cueillette de la soie.*

Le roi ne tarda pas à s'intéresser vivement à l'industrie que voulait ranimer le gentilhomme languedocien. Il comprenait qu'il y avait là pour la France un intérêt capital : les plantations de mûriers nous permettraient d'élever chez nous les vers à soie et de faire de la soierie une industrie nationale, en nous appropriant la matière première au lieu d'aller l'acheter en Italie. Mais le roi comptait sans son ministre.

Sully fit à Olivier de Serres une opposition qui reste comme une tache dans son administration. Cette hostilité tenait à des idées générales que Sully eut toute sa vie relativement aux fâcheuses conséquences du luxe, qu'il poursuivit de ses épigrammes et de ses édits. « Voilà des gens qui portent leurs moulins et leurs fermes sur le dos, » disait-il en voyant des courtisans couverts de soie et de broderies. Un jour les marchands de soie de Paris viennent le trouver et l'un d'eux, Henriot, présente au ministre les doléances de la corporation. « Eh ! comment, mon bonhomme, fait Sully, venez-vous ici vous plaindre en votre compagnie, vu que vous êtes plus braves que moi ! » Et le retournant de tous les côtés : « Voici du damas, voici du taffetas, voici du velours! » — « Le valet est plus rude et plus glorieux que le maître, » dirent, en sortant, les marchands de soie de Paris.

La conversation suivante entre Henri IV et son ministre fera mieux connaître encore l'aversion de Sully pour le luxe et pour les industries qui l'entretiennent, en même temps que les difficultés que le roi eut à surmonter à ce sujet :

« — Je ne sais quelle fantaisie vous prend toujours, lui dit le roi, de vous opposer à ce que je veux établir pour mon contentement particulier, l'enrichissement de mon royaume, et ôter l'oisiveté parmi mes peuples.

» — Sire, répond Sully, Votre Majesté doit mettre en considération qu'autant qu'il y a de divers climats, autant semble-t-il que Dieu les ait voulu diversement faire abonder en certaines propriétés, denrées, arts et métiers spéciaux. Toutes ces soies et manufactures les jetteraient dans le luxe et l'excessive dépense qui ont toujours été les principales causes de la ruine des royaumes. Loin donc de les favoriser, je voudrais que Votre Majesté défendît toutes somptuosités et superfluités, réduisant toutes personnes de toutes qualités, tant hommes que femmes et enfants, pour ce qui regarde les vêtements de leur personnes, leurs ameublements, bâtiments de logements, etc... par l'excès desquelles choses il se consume maintenant dix fois plus d'or et d'argent que tout ce que l'on fait tant éclater du transport d'iceux pour les manufactures d'étranges pays.

« — Sont-ce là, s'écria le roi, les bonnes raisons et beaux expédients que vous me deviez alléguer? Ah! pardieu! j'aimerais mieux combattre le roi d'Espagne en trois batailles rangées, que tous ces gens de justice, de finance, d'écritoire, et surtout leurs femmes et filles que vous me jetteriez sur les bras par tant de bizarres règlements, que je suis d'avis de remettre en une autre saison.

« — Puisque telle est votre volonté absolue, sire, répondit Sully, je n'en parle plus, et le temps et la pratique vous apprendront que la France n'est nullement propre à telles babioles. »

Le temps et la pratique donnèrent raison au roi et du même coup à Olivier de Serres. Celui-ci allait donc pouvoir révéler à toute la France le mystère de la production de la soie, ce mystère qu'il décrit si bien dans ces lignes : « Miracle de nature ! Un ver s'enferme dans un peloton de soie ; là il se transforme en papillon ; au bout de dix jours, trouant le cocon, il sort comme d'une prison et revient à la vue des hommes pour terminer sa vie par sa chère semence ! »

OLIVIER DE SERRES TRIOMPHE

Le roi remplit de mûriers les jardins des Tuileries et de Fontainebleau. Le jardin des

LE DÉRAMAGE DES COCONS.

Tuileries renferma 20000 mûriers blancs à l'endroit où Le Nôtre planta plus tard les deux massifs de marronniers qui existent encore. Cette disposition si sage, dit Michelet, de mettre à profit les jardins publics pour les cultures d'utilité a été tournée en ridicule par les royalistes du temps de la Révolution, mais elle remonte à Henri IV. Ce prince établit en outre des *magnaneries*, ou ateliers pour l'éducation des vers à soie, dans l'orangerie des Tuileries et au château de Madrid, dans le bois de Boulogne. Il ordonna enfin la formation d'une pépinière de mûriers dans chaque élection ou arrondissement financier, et invita le clergé à en planter dans toutes ses terres. Une déclaration du 16 novembre 1605 imposait à chaque diocèse l'obligation d'en cultiver 10 000 pieds.

A partir de ce moment, l'industrie des soieries prospéra et donna lieu à un commerce considérable dans les villes de Tours, Orléans, Paris et Lyon. A Tours, sous

Louis XIII, 25000 ouvriers se livraient au travail de la soie. Colbert fit accorder une prime de vingt sols aux agriculteurs pour chaque pied de mûrier qu'ils planteraient. Lyon rivalisa avec les fabriques italiennes les plus renommées. La révocation de l'*édit de Nantes*, à la suite de laquelle les protestants émigrèrent en masse, porta un rude coup à la fabrication de la soie. Cependant cette industrie se releva vers le milieu du XVIIIe siècle, pour dépérir encore pendant la période révolutionnaire. Napoléon Ier réussit cependant à lui rendre la vie, grâce aux appareils à la Vaucanson : le chauffage à la vapeur pour le dévidage des cocons; les régulateurs de Dutilleul pour faciliter le tissage; le système de Maissiat pour aider à la confection des étoffes brochées; enfin la découverte de Jacquart. Aujourd'hui, la France fabrique annuellement pour plus de 400 millions de soieries sur près de 200000 métiers.

CONCLUSION

Nous n'aurions pas obtenu ce beau résultat sans le zèle obstiné d'Olivier de Serres. Au temps de Henri IV même, le *Théâtre d'agriculture et mesnage des champs* eut un très grand et très rapide succès : en peu de temps il s'en tira un nombre considérable d'éditions. L'auteur jouit de l'estime de ses contemporains et de l'amitié des plus hauts personnages, tels que l'Hôpital, Bernard Palissy, Sully et Henri IV. La postérité lui a donné le nom glorieux de *Père de l'agriculture française* : Olivier de Serres le mérite absolument. « On sent dans Olivier de Serres, dit M. Doniol (*Classes rurales*), l'idéal qui animait Sully. C'est la tradition des laboureurs de Bernard Palissy qu'Olivier transporte au domaine seigneurial et que Sully met dans l'Etat. Une société assise sur le travail de la terre, où l'homme aurait cette vigueur morale que donne la vie rustique, où le travail, accepté comme un devoir, fonderait seul la richesse, où la richesse rurale dominerait l'économie politique, c'est la grande et sainte pensée de ces trois grands huguenots. »

Aujourd'hui, les paysans du Languedoc n'ont pas perdu le souvenir de leur illustre compatriote et ils aiment encore à parler parfois du *Père la Cueillette*. Cet hommage populaire a sa valeur : mais ce n'est pas le seul qui ait été rendu à la mémoire du *gentilhomme laboureur*. Au XVIIIe siècle, où sa gloire fut un instant éclipsée, Haller, Parmentier, le baron de Secondat et l'abbé Rozier cultivaient religieusement son souvenir. Louis XIII, au moment du sac de Privas, a pu faire raser le Pradel : le XIXe siècle a réparé cette injustice. En 1804, l'année même où se publiait la 21e édition du *Théâtre d'agriculture*, la Société d'Agriculture de Paris faisait élever à Olivier de Serres un monument dans le bourg de Villeneuve-de-Berg dont dépend le Pradel ; en 1858, une statue lui était enfin érigée au même endroit. Terminons ces pages succinctes par les lignes que l'Anglais Arthur Young écrivait, en 1789, après une visite au Pradel : « Je contemplai la résidence du Père de l'agriculture française avec cette espèce de vénération qui ne peut être sentie que par ceux qui se sont livrés à quelque recherche favorite... Qu'il me soit permis d'honorer sa mémoire deux cents ans après sa mort. C'était un excellent cultivateur et un vrai patriote ! »

FIN

TABLE

FIN DE LA TABLE

PARIS. — IMPRIMERIE ÉMILE MARTINET, RUE MIGNON, 2.

27

BIBLIOTHÈQUE

DES ÉCOLES ET DES FAMILLES

4e SÉRIE

PRIX DE CHAQUE VOLUME : broché, 15 centimes.
Cartonné pour prix.................. 25 centimes.

BIOGRAPHIES D'HOMMES ILLUSTRES

DES TEMPS ANCIENS ET MODERNES

EN VENTE (avril 1882).

Solon.
Alexandre.
César.
Napoléon Ier.
Dante.
Mirabeau.
Michel-Ange.
Christophe Colomb
Vasco de Gama.
Magellan.
Cook.
La Pérouse.
Livingstone.
Gutenberg.
Bernard Palissy.
Galilée.
Papin.
Watt.
Franklin.
Lavoisier.
Ampère.
Cuvier.
Arago
Louvois.
Charles XII.
Necker.
Mozart.
Beethoven.
Puget.
Olivier de Serres.
Buffon.
Kléber.
Desaix.
Gœthe.

PARIS. — IMPRIMERIE EMILE MARTINET

www.ingramcontent.com/pod-product-compliance
Ingram Content Group UK Ltd.
Pitfield, Milton Keynes, MK11 3LW, UK
UKHW020357250726
13967UKWH00005B/2339

9 782013 046114